Introduzione

Ci sono degli aeroplani che difficilmente si dimenticano, anche dopo anni dalla loro radiazione, e non è vero che sono sempre e solo caccia o bombardieri. Uno dei velivoli che l'Aeronautica Militare ha avuto in servizio, e che da decenni è ormai radiato, ma del quale ancora se ne conserva memoria, fuori e dentro la Forza Armata, è l'HU-16 "Albatross". Sicuramente il ruolo nel quale fu impegnato l'anfibio, quello della ricerca e del soccorso, ha influito sulla memoria collettiva, ma anche la bontà e la robustezzza dell'aeroplano stesso, chiamato a sostituire velivoli antiquati, ma "mostri sacri" del soccorso in Italia, quali i Cant. Z. 506S.

Una carriera lunga, svolta nel silenzio di chi opera al servizio, non solo dell'Italia con le stellette, ma anche e soprattutto al servizio della popolazione civile. In oltre 21 anni di servizio furono innumerevoli le operazioni di soccorso o di aiuto alla popolazione, riassumibili in oltre 53. 000 ore di volo, per questo all'anfibio della Grumman, spetta senz'altro un posto d'onore nella Storia della nostra Aeronautica Militare.

Introdu

*There are airplanes that c[...]
even if their radiation ha[...]
before, and even isn't true if they are fighers or bombers. One of the aircraft that was in service within the Italian Air Force and is one of the mostly remembered, both inside and outside the armed service, is the HU-16 "Albatross". Certainly the role in which this amphibian aircraft was employed, search and rescue, has affected the collective memory, but also project' soundness and hardiness of this airplane, acquired to replace the Italian rescue service "sacred cows" (albeit outdated) aircrafts, such as Cant. Z. 506S.*

A long career, carried out in the silence by those who work in the Service, not only for the GI of Italy, but also and above all in service of the civilian population. In over 21 years of service countless rescue operations or help to civilian population has taken place, summarized in over 53,000 hours of flying, that's why to the Grumman amphibian a Hall of Fame place is due, as part of our Italian Air Force history.

Splendido nei colori tipici del soccorso l'HU-16A "Albatross", pur essendo stato usato in un numero ridotto di esemplari, ha lasciato un importante segno nella storia dell'Aeronautica Militare e nel cuore degli appassionati. (foto M. Gori via A. Laghi)

Stunning in its typical Rescue livery, HU-16A "Albatross", while being in service in small numbers, has taken an important place in Italian Air Force history and enthusiasts' hearts. (photo M. Gori via A. Laghi)

Le origini e lo sviluppo

Come molti aeroplani di successo anche l'Albatross nacque in seguito ad una iniziativa privata della Grumman, il progetto attirò subito l'interesse dell'US Navy che ordinò due prototipi. Designato XJR2F-1, per la Grumman era il Progetto G-64, l'Albatross era in pratica una evoluzione dei precedenti idrovolanti G-21 "Goose", G-44 "Widgeon" e G-73 "Mallard". Il prototipo, matricola 82853, compì il primo volo il 24 ottobre 1947 a Bethpage, a Long Island, ai comandi dei collaudatori Fred Rowley e Carl Alber.

A questo punto la Marina, che aveva la necessità di un velivolo ASW (Anti Submarine Warfare) orientò le sue richieste per quella versione, anche se ordinò subito sei esemplari, ordine seguito immediatamente dopo dall'US Coast Guard che piazzò un suo primo ordine per 5 velivoli.

Il velivolo della Grumman attirò anche l'interesse dell'USAF che era alla ricerca di un mezzo da utilizzare per la ricerca e il soccorso, l'aviazione americana si mosse celermente e piazzò il primo ordine per cinquantadue esemplari il 12 maggio 1948, designando il nuovo aereo SA-16A. Fu proprio l'USAF a immettere per prima in servizio il nuovo aereo, infatti l'Albatross entrò in servizio con l'aeronautica statunitense nel Luglio del 1949. Solo a Dicembre 1949 il primo esemplare fu consegnato all'US Navy che assegnò all'Albatross la sigla UF-1. La US Coast Guard, che aveva classificato l'Albatross come UF-1G, ricevette il primo esemplare a Marzo del 1952.

Origins and development

Like many successful airplanes, even the Grumman Albatross was born as a result of Company's private venture. The project immediately attracted U. S. Navy interest, which placed an order for two prototypes. Designated XJR2F-1, Grumman designated it as project G-64. The Albatross was as though an evolution of their previous seaplanes, the G-21 Goose, G-44 Widgeon and G-73 Mallard. The prototype, Bu. No. 82853, made its first flight on Oct. 24th 1947 in Bethpage, Long Island, under the controls of test pilots Fred Rowley and Carl Alber. At this point the Navy, that was in need of ASW aircraft (Anti-Submarine Warfare), relied on "ad-hoc" version, albeit just six aircrafts were ordered; at this order followed immediately the U. S. Coast Guard one, placing its first order for 5 aircraft.

The Grumman amphibian also attracted the U. S. Air Force interest, who was looking for a new search and rescue asset. The American Air Force moved swiftly and placed its first order for fifty-two aircrafts on May 12th 1948, designating the new amphibious as SA-16A. Thus, it was U. S. A. F. the first Service to deploy the new plane; in fact, the Albatross entered in service with the Air Force in July 1949. Only in December 1949 the first example was delivered to the U. S. Navy, and that Service gave the Albatross the designation UF-1. The U. S. Coast Guard, that had even

Sopra la famiglia degli idrovolanti Grumman che hanno preceduto l'"Albatross": il G-21 "Goose", il G-44 "Widgeon" e il G-73 "Mallard".
In alto a destra: pubblicità della Grumman.

Above, Grumman seaplane family, "Albatross" ancestors: the G-21 "Goose", the G-44 "Widgeon" and the G-73 "Mallard". Above right: Grumman advertising.

Nella pagina precedente due splendide immagini del prototipo XJR2F-1. In questa pagina il decollo della matricola 48-588, prototipo del "triphibian" nel 1953.

In the previous page two wonderful images of XJR2F-1 prototype. In this page, s/n 48-588 taking off in 1953 as "triphibian" prototype.

Complessivamente furono costruiti 442 esemplari nella versione "A" di cui 137 per l'US Navy e 305 per l'USAF.

Nel 1953 la Grumman fece volare un Albatross, la matricola 48-588, appositamente attrezzato con pattini ammortizzati piazzati sotto lo scafo ed i galleggianti, in grado di operare indifferentemente senza altre modifiche dall'acqua o da superfici ghiacciate, chiamato "triphibian" l'aereo fu sperimentato con successo tanto che l'USAF acquistò ben 127 kit di trasformazione. Dieci esemplari di "triphibian" furono consegnati al Canada che li classificò CSR-110, gli anfibi avevano anche un carrello modificato per facilitare la movimentazione a terra ed erano dotati di motori R-1820-82 da 1525 Hp al decollo.

another designation, listed the Albatross as UF-1G, receiving its first airplane in March 1952.
Overall, were built 442 aircrafts of "A" version, 137 went to the U. S. Navy and 305 to the U. S. A. F. In 1953 the Grumman flown the first series aircraft, Albatross, s/n 48-588 (MSN G-1), modified with shock-absorber skids placed under the hull and the floats, able to operate indifferently, without any other change, from water or icy surfaces; this variant was called "triphibian". The plane was so successfully tested that U. S. A. F. bought 127 conversion kit. Ten "triphibian" aircraft were delivered to Canada, designating them as CSR-110, amphibians also had a landing gear modified to facilitate the handling on the

In senso orario: pubblicità che esalta il ruolo di soccorritore dell'anfibio della Grumman, due immagini di SA-16 "Albatross" in Corea, in quella Nazione operarono inquadrati nell'Air Reserve Service che era una divisione del Military Air Transport Service (MATS).

Clockwise: advertising that promotes the rescue role of Grumman's amphibian, two images of SA-16 "Albatross" in Korea, in that nation were part of Air Reserve Service which was a division of the Military Air Transport Service (MATS).

Il 16 gennaio 1956 fu sviluppata la versione "B", progetto Grumman G-111, che, rispetto alla precedente, aveva molte migliorie tra cui le principali erano un'ala maggiorata, i piani di coda con una superficie più grande, un incremento di autonomia e un impianto antighiaccio migliorato, i motori erano i Wright "R-1820-82R", più potenti di 100 cv rispetto ai precedenti. Successivamente l'USAFB decise di modificare 241 SA-16A portandoli alla versione "B" in fase di revisione generale, analoga operazione fu portata avanti per gli UF-1 della US Navy e della USCG che ricevettero le stesse modifiche e furono ridisegnati UF-2. La versione "B" ebbe un ulteriore sviluppo quando, nel 1961, fu introdotta la variante ASW. Gli Albatross antisommergibile erano immediatamente riconoscibili per il grosso radome sul muso che ospitava un radar da ricerca AN/ASP-88. In coda era montato il sensore di anomalie magnetiche MAD (Magnetic Anomalie Detector) che era retrattile, inoltre furono installati due attacchi subalari, uno sotto ogni semiala, in grado di portare razzi HVAR da 127mm, razzi Zuni, siluri Mk 43 Mod I o bombe di profondità da 227 Kg. L'Albatross manteneva comunque inalterate le capacità SAR, infatti bastava rimuovere le apparecchiature ASW per ricondizionare l'anfibio al ruolo di soccorso per il quale era sostanzialmente nato.

ground and were fitted with engines R-1820-82 rated @ 1.525 hp on take-off. On January 16th 1956 the developed version "B", Grumman Project G-111, which compared to the previous, had many enhancements. These included a stretched wing featuring curved leading edge, tail planes with larger surface, an endurance increase and an improved de-icing system. Engines were the Wright-1820-82R with a 100 hp increase comparing to previous ones. Subsequently U. S. A. F. decided to modify 241 SA-16A upgrading them to "B" version during general overhaul. A similar operation was operated for the U. S. Navy UF-1 and the lookalike U.S.C.G. Albatross; these aircraft were redesigned UF-2.

Version "B" had a further development when, in 1961, was introduced the ASW variant. The antisubmarine Albatross were immediately recognizable for the big nose radome, hosting an AN/ASP-88 search radar. A retractable MAD (Magnetic Anomaly Detector) was tail-fitted, and two underwing pylons were installed, able to carry 127 mm HVAR rockets, Zuni rockets, Mk. 43 Mod I torpedoes or 500 lbs depth charges. These Albatross still bore their SAR capacity unchanged. in fact it was sufficient to remove the

Un UF-1A, designazione della Marina americana, di quello che poi diventerà l'HU-16C, ripreso in volo lungo le coste degli Stati Uniti. (foto U. S. Navy)

An UF-1A, U. S. Navy designation of what will then become the HU-16C, flying alongside United States coast. (photo U. S. Navy)

AF4018-3

82911AC.

Due interessanti fotografie di SA-16 dell'USAF in decollo dall'oceano. L'anfibio manifestò dei problemi ad operare in mari ristretti come il Mediterraneo con moto ondoso ad onde incrociate, completamente diverso a quello tipico dell'Oceano.

Two interesting USAF SA-16 pictures, while taking off from the Ocean. The amphibian showed many problems in sea handling with crisscrossed waves like Mediterranean Sea, completely different from Ocean ones.

Splendida fotografia di un SA-16 dell'USAF che permette di apprezzare l'elegante linea dell'anfibio. (foto USAF)

USAF SA-16 wonderful shot, allowing us to appreciate the amphibian elegant design. (photo USAF)

Il 18 settembre 1962 ci fu l'unificazione delle sigle in uso alle forze armate americane e di conseguenza anche agli Albatross furono attribuite le nuove sigle in base alla seguente tabella:

USAF: SA-16A / B / ASW diventarono HU-16A / B /ASW
US Navy: UF-1A /UF-1L / UF-1T / UF-2 diventarono HU-16C / LU-16C /TU-16C / HU-16D
US Coast Guard: UF-2G diventò HU-16E

La produzione dell'Albatross terminò nel 1964, in totale furono prodotti 464 esemplari di tutte le versioni L'HU-16A era un monoplano ad ala alta a sbalzo, di costruzione interamente metallica, anfibio a scafo centrale a due gradini e due galleggianti laterali.
Il carrello era triciclo anteriore, a scomparsa totale in scomparti stagni, era azionato idraulicamente.
L'ala, su profilo NACA 23017, era divisa in tre parti, il piano centrale era solidale con la fusoliera e com-

ASW equipment to return the amphibian to its original role. On September 18th 1962 the U. S. Armed Forces designation system was unified, so these models carried their new acronyms following this table:

U. S. A. F. : SA-16A / B / ASW became UH-16A / B /ASW
U. S. Navy : UF-1A /UF-1L / UF-1T / UF-2 became UH-16C / LU-16C /TU-16C / UH-16D
U. S. Coast Guard: UF-2G became HU-16

Albatross production ended in 1964, in total were produced 464 examples plus two prototypes.
The HU-16A was a cantilever high wing aircraft, of entirely metallic construction, single v-shaped chin hull amphibian with two side floats. Landing gear was tricycle type, with the wheels totally disappearing inside their waterproof wells and was hydraulically operated. Wing was divided

prendeva le gondole e i castelli motore, le semiali erano dotate di flap a fessura e di alettoni rivestiti in tela, alle semiali erano attaccati i galleggianti laterali. L'ala conteneva anche due serbatoi da complessivi 2.570l e i galleggianti stabilizzatori ne contenevano uno ciascuno da 795l.

La fusoliera era a sezione quadrata, la parte inferiore, che era soggetta a notevoli sollecitazioni quando l'anfibio operava dalle superfici marine o di lago, era rinforzata e divisa in compartimenti stagni; a prua trovava posto un boccaporto con àncora e attrezzature per ormeggi alle boe, a poppa era presente un APU. Ai lati della fusoliera era inoltre possibile installare quattro razzi di tipo JATO (Jet Assisted Take Off) per facilitare il decollo in particolari situazioni di emergenza. Il portello di accesso sinistro era diviso in senso orizzontale per permettere l'apertura solo della parte superiore in caso di mare particolarmente agitato.

Il velivolo poteva trasportare 10 passeggeri o essere attrezzato con 12 barelle per il trasporto di feriti o ammalati.

L'equipaggio era normalmente di 5 persone, un operatore, radio, un radarista, un motorista e due piloti che trovavano sistemazione nell'abitacolo, i due posti di pilotaggio erano affiancati. La dotazione tecnica era abbastanza importante per l'epoca e comprende-

into three parts, the central plane was integral with the fuselage and included engine mounts and nacelles, while the outer section carried the split flaps, leading edge slot, canvas covered ailerons and the auxiliary floats. Wing also contained two fuel tanks for a grand total of 2,570 l; floats also contained each 795 l of fuel.

The fuselage was of square section; the lower part, which was subject to considerable stresses when the amphibian was operated on watery surfaces was reinforced and divided into watertight compartments; on the bow was placed a hatch holding buoys mooring equipment, at the stern was present an APU. On fuselage sides there was the provision for four JATO (Jet Assisted Take Off) rockets to help takeoff in specific emergency situations. Left main door was horizontally split, to avoid flooding in case of rough seas the upper part can be separately opened.

The aircraft could carry 10 passengers or be equipped with 12 stretchers to carry injured or sick persons. The normal crew comprised five crewmembers: a radio operator, a radar operator, an engineer and two pilots who were flying in a side by side cockpit. Installed avionics were quite complete for that era, including ADF, VOR,

Due pubblicità degli anni '50 dell'"Albatross"

Two "Albatross" advertisement from the '50s

Molti "Albatross" americani furono utilizzati in Europa, dall'alto: JR2F-1 del US Navy attaché in Norvegia, due HU-16C basati sulla Naval Air Station di Sigonella, in Sicilia

Many American "Albatross" were deployed to Europe. From top: JR2F-1 for the U. S. Navy Attaché in Norway, two HU-16Cs based in NAS Sigonella, Sicily

Dall'alto in senso orario: SA-16A con razzi JATO fotografato a Bovington nel maggio 1957, un SA-16 dell'USAF in volo d'addestramento (foto USAF), un HU-16E della US Coast Guard con il primo tipo di colorazione adottata (foto USCG). La matricola 7245 in volo (foto US Coast Guard)

Top clockwise: SA-16A with JATO rockets photographed in Bovington in May 1957, a USAF SA-16 in a training flight (USAF photo), and a U. S. Coast Guard HU-16E with the first type of painting (USCG photo). USCG 7245 in flight (U.S. Coast Guard photo)

va ADF, VOR, TACAN, radio altimetro, radar di navigazione e ricerca, pilota automatico, IFF, SARAH, radio HF, VHF e UHF.

I motori erano due Wright R-1820-76A Cyclone con 9 cilindri a stella raffreddati ad aria, con eliche tripala Hamilton Standard a velocità costante e passo variabile in volo.

L'anfibio della Grumman partecipò a due guerre, quella di Corea tra il 1950 e il 1953 e quella del Vietnam. In Corea gli allora SA-16 operarono con il 2° e 3° Air Rescue Squadron inquadrati nell'Air Reserve Service che era una divisione del Military Air Transport Service (MATS), furono circa 900 le persone recuperate e salvate dagli Albatross tra cui 66 piloti. I primi HU-16 arrivarono in Vietnam nel 1964 a Da Nang e a Korat in Tailandia, gli anfibi della Grumman recuperarono, tra gli altri, 47 piloti americani (26 dell'USAF e 21 della Navy). Inoltre due esemplari del 33° ARS furono modificati in loco, con l'aggiunta di apparati di comunicazione, per essere utilizzati come posti di comando volante, in grado di dirigere le operazioni di soccorso, ruolo che mantennero fino all'arrivo dei Douglas HC-54 Skymaster.

L'Albatross fu usato con soddisfazione ed esportato in oltre 20 nazioni, molti esemplari volano ancora oggi con matricole civili, utilizzati principalmente per voli da diporto o per il trasporto di passeggeri.

TACAN, radio altimeter, navigation and search radar, automatic pilot, IFF, SARAH, HF, VHF and UHF bands radio. The two engines were the 1,425 hp nine-cylinders Wright-1820-76A Cyclone, air-cooled radials, with constant speed, in-flight variable pitch Hamilton Standard 43D50 three-bladed propellers.

The Grumman amphibian took part in two wars, Korea between 1950 and 1953 and later, Vietnam. In Korea the SA-16 was assigned to 2nd and 3rd Air Rescue Squadron of the USAF Reserve that was part of Military Air Transport Service (MATS). About 900 people were recovered and saved by the Albatross, including 66 pilots. The first HU-16 arrived in Vietnam in 1964 in Da Nang and Korat RTAFB in Thailand. In this case, among others, 47 American pilots (26 U.S.A.F. and 21 Navy), were rescued by Albatross. In addition, two examples belonging to 33rd ARS were field-modified with the addition of communication system allowing the direction of rescue operations, role who was maintained until the arrival of the Douglas HC-54 Skymaster. The Albatross was used with satisfaction and exported in over twenty countries, and many of them are still flying today with civilian registration, mainly used for pleasure flights or passenger services.

Naturalmente gli anfibi della US Coast Guard sono stati i più longevi e i più fotografati, qui l' HU-16E matricola 7243 assegnato a Port Angeles, fotografato sulla Mc Chord AFB a luglio del 1978

US Coast Guard amphibians were the long-lived and most photographed, here the HU-16E serial number 7243 assigned to Port Angeles, photographed in Mc Chord AFB in July 1978

Un "Albatross" assegnato alla base di Cape Cod in volo
An "Albatross" assigned to Cape Cod Base in flight

La luce del tramonto saluta questo "Albatross" al termine di un'ennesima giornata operativa lungo le coste degli USA
Sunset light welcomes this "Albatross" at the end of umpteenth operational flight along U.S. coast

Molti HU-16 sono nei musei, a sinistra quello conservato a Pima, altri sono conservati per possibili futuri riutilizzi, vedi la linea di volo di "Albatross" ex Chalks in parte coconizzati, altri esemplari volano con matricole civili pur mantenendo le precedenti colorazioni militari

Many HU-16 are in museums, on the left, the one preserved in Pima, others are kept for possible future reuse, like the ex-Chalks "Albatross", partly cocoonized, while other are still flying under civil registration, although keeping their previous service livery.

In servizio con l'Aeronautica Militare

In service with the Italian Air Force

E' impossibile parlare dell'Albatross in Italia senza prima un veloce accenno al soccorso italiano e a quello dell'Aeronautica Militare in specie. Già nella seconda guerra mondiale la Regia Aeronautica aveva organizzato alcune squadriglie dedicandole espressamente alla ricerca e al soccorso di naufraghi e/o di equipaggi di velivoli abbattuti e dispersi durante i feroci combattimenti nei cieli sopra il Mediterraneo. I velivoli all'epoca erano anche loro degli idrovolanti come il Cant. Z. 501 "Gabbiano" e successivamente il Cant. Z. 506 "Alcione", quest'ultimo servì anche nelle fila della nuova Aeronautica Militare nel ruolo ormai consolidato di ricerca e soccorso.

L'importanza della ricerca e del soccorso, internazionalmente conosciuta con l'acronimo di S.A.R., dall'inglese Search And Rescue, è ormai consolidata, il tutto deriva dalla Conferenza di Cicago del 1944. In quel consesso fu fondata l'ICAO (International Civil Aviation Organization), inizialmente nota come PICAO,

It's impossible to talk about Italian Albatross without take an overview about national rescue service, and more specifically, to the Italian Air Force one. Already during the Second World War Regia Aeronautica had organised some units expressly dedicated to search and rescue of survivors and/or crews of lost and hit aircraft during the fierce fighting in the skies above the Mediterranean Sea. The available aircrafts at the time were also seaplanes, like the Cant. Z. 501 "Gabbiano" and subsequently the Cant. Z. 506 "Alcione". The latter also served within the ranks of the new Italian Air Force in the now consolidated role of Search and Rescue operations. The importance of search and rescue, internationally known with the acronym S. A. R., all derives from the Chicago Conference of 1944. In that forum was founded the ICAO (International Civil Aviation Organization), initially known as PICAO, where the letter P

Lo scalo di Brindisi fu per anni utilizzato dagli "Albatross", non solo italiani, per la manutenzione. In questa immagine un HU-16 dell'Aeronautica Militare appena riverniciato, ancora senza l'apposizione dei codici di reparto e della Matricola Militare. (archivio P. Re)

Brindisi airport seaplane facility was used by the "Albatross" for years, not just by Italians, for maintenance. In this image an ItAF HU-16 just refurbished, still sporting no unit insignia or serial numbers (archive P. Re)

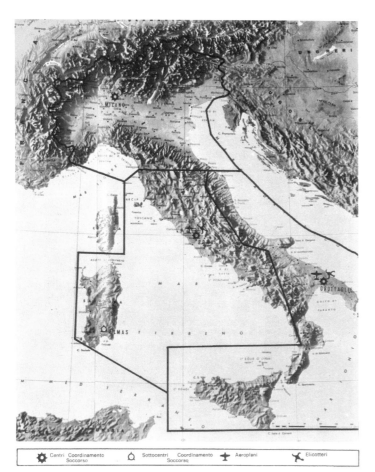

Centri Coordinamento Soccorso	Sottocentri Coordinamento Soccorso	Aeroplani	Elicotteri

La cartina dell'Italia con le zone di competenza dei Centri di Coordinamento e Soccorso nel 1965. Manutenzione ad un motore (archivio P. Re). L'interno di uno degli hangar di Brindisi con alcuni HU-16 in diversi momenti di lavorazione (archivio P. Re)

Italy's Centri di Coordinamento e Soccorso pertaining area map in 1965. Engine maintenance (archive P. Re). The interior of one of Brindisi hangar with some HU-16 at different working stage (archive P. Re)

Ancora gli hangar di Brindisi, sull'esemplare tutto nero si può facilmente leggere la scritta "U. S. Air Force" sul muso.
(entrambe le archivio P. Re)

Brindisi hangars again, on the black aircraft we can easily discerning "U. S. Air Force" lettering on the nose. (both archive P. Re)

Il primo HU-16A consegnato all'Aeronautica Militare in flottaggio sul lago di Bracciano, sullo sfondo uno degli ultimi Cant. Z. 506 all'ancora. (foto A. Vigna)
The first HU-16A delivered to the Italian Air Force floating on Bracciano Lake, in the background one of the last Cant. Z. 506 moored. (photo A. Vigna)

Ancora la MM. 50-179, questa volta con il solo numero di carrozzella "23", fotografato però sull'aeroporto di Torino Caselle. (foto P. Albisino)
MM. 50-179 again, this time sporting only its individual code "23", but photographed in Torino Caselle airport. (Photo by P. Albisino)

In alto la MM. 50-182 con i codici della 140a Squadriglia sull'idroscalo di Bracciano (foto A. Vigna), sopra un "Albatross" sullo scivolo di Brindisi al rientro da un volo di collaudo (archivio P. Re), qui a sinistra un HU-16 già con i codici del 15° Stormo in manutenzione a Brindisi (archivio M. Coccellato)

Page top: MM. 50-182 with 140th Squadriglia codes here on Bracciano Seaplane Base (photo A. Vigna), top an "Albatross" on the Brindisi waterslide returning from a test flight (archive P. Re), here left, an HU-16 already bearing 15th Stormo codes in maintenance in Brindisi (M. Coccellato archive)

Sopra l'HU-16A MM. 50-179, codici "23", così come stabilito nel 1965. Sotto: splendida inquadratura dello stesso aeroplano sulla linea di volo dell'aeroporto di Ciampino. (entrambe archivio M. Coccellato)

Top: HU-16A MM. 50-179, codes "23", as sanctioned in 1965. Bottom: splendid shot of the same airplane on Ciampino Airport flight line. (both archive M. Coccellato)

ove la lettera P stava per "Provisional" (Provvisoria), definitivamente ICAO dal 4 aprile 1947. La convenzione è composta da una serie di Allegati (Annex), il numero 12 è quello che ha istituito il SAR, così come lo conosciamo oggi, disciplinando e standardizzando le procedure di intervento fra i Paesi membri dell'organizzazione. In breve: l'emisfero fu suddiviso in grandi regioni che a loro volta furono suddivise in zone, l'Italia fu inserita nella "Regione EUMED", Europa Mediterraneo.

Il nostro Paese entrò a far parte dell'ICAO a seguito di richiesta presentata il 2 aprile 1947 (allora era ancora PICAO), l'Italia fu ammessa con risoluzione A/1/5 ma con subordine al parere positivo dell'O-NU (ricordiamo che non erano passati nemmeno due anni dalla fine della seconda guerra mondiale!). L'Assemblea delle Nazioni Unite non respinse la richiesta e quindi l'Italia depositò lo strumento di adesione il 31 ottobre 1947.

La circolare dello SMA 204394/od. 2 del 14 ottobre 1947 conteneva le norme per l'inserimento del "Servizio Ricerca e Soccorso dell'Aeronautica Militare", istituito il 17 aprile 1946, nell'organizzazione dell'ICAO.

stood for "provisional", ICAO definitively from April 4th 1947. The Convention is composed of a series of Annex, where the number 12 is the one that has established the SAR as we know it today, regulating and standardizing the operational procedures between the Member States of the organization. In short: the hemisphere was divided into large regions which in turn were divided into zones, Italy was inserted in "EUMED Region", Mediterranean Europe. Our country became part of the ICAO following our request submitted on April 2nd 1947 (then was still PICAO). Was admitted with resolution A/1/5 but under the positive opinion of the UN (remember that the war was barely over since two years!). The General Assembly of the United Nations did not reject the request and then Italy deposited the instrument of accession on October 31st 1947. Air Force HQ order SMA 204394/OD. 2 dated October 14th 1947 contained the rules for implementing "Italian Air Force Servizio di Ricerca e Soccorso", established on April 17th 1946, within ICAO organization. We apologize for this short digression on the birth of ICAO, but we felt it was necessary

Le foto a colori di HU-16 solo con i codici sono abbastanza rare, qui il numero "20", MM. 50-174 fotografato a Caselle durante il Salone dell'Aviazione del 1965. (foto S. Mapelli)

Color photos of HU-16 with codes only are quite rare, here the number "20", MM. 50-174 photographed at Caselle during the 1965 Salone dell'Aviazione. (photo S. Mapelli)

HU-16A
M.M.50-182

In questa pagina ancora una selezione di fotografie di HU-16A con i piccoli codici, in alto la linea di volo a Ciampino (archivio M. Coccellato), a sinistra e in basso invece ancora la MM-50-179 in altri due scatti fatti a Torino Caselle (entrambe le foto P. Albisino)

On this page, still a selection of HU-16A photographs with small codes, top, flight line in Ciampino (M. Coccellato archive), left and bottom MM-50-179 again, both photograph taken in Torino Caselle (both P. Albisino)

Splendida sequenza di ammaraggio della MM. 50-162. (foto L. Caliaro)

Great frame series for MM. 50-162 landing at sea. (photo L. Caliaro)

La linea di volo di Ciampino a metà anni sessanta. (archivio M. Coccellato)

Ciampino flight line in the mid sixties. (M. Coccellato archive)

Chiediamo venia per questa breve digressione sulla nascita dell'ICAO, ma abbiamo ritenuto necessario inquadrare il contesto internazionale al quale l'Italia aveva deciso di aderire terminata la tragedia della guerra.

Anche per ottemperare ai nuovi impegni internazionali, quindi, l'Italia e l'Aeronautica Militare, necessitavano di un sostituto dei vetusti "Alcione" non essendo l'industria nazionale in grado di offrire un prodotto all'altezza, escludendo naturalmente il piccolo Piaggio P. 136, ci si rivolse agli Stati Uniti d'America e all'USAF.

Il primo Albatross, serial 50-179, fu consegnato all'Aeronautica Militare il 26 marzo 1958 sull'aeroporto di Roma Ciampino. La consegna avveniva in conto MDAP (Mutual Defence Aid Program) e faceva parte di un primo lotto di sei velivoli che saranno consegnati quell'anno (altri due ad aprile e i rimanenti tre a giugno).

Il personale fu addestrato direttamente negli Stati Uniti, a Norfolk, mentre i successivi equipaggi compirono tutto l'iter addestrativo in Italia, utilizzando l'aeroporto di Pisa San Giusto per l'addestramento alle operazioni di impiego terrestre del velivolo. Già quell'anno gli Albatross furono distaccati lungo la penisola per adempiere alle missioni SAR, una prima sezione a

to clarify the international context in which Italy had decided to join after the tragedy of the war.

In order to meet the new international commitments, Italy and the Italian Air Force needed a substitute to the old "Alcione", as the national industry not being capable of offering such a product, excluding naturally the small Piaggio P. 136. Thus, Italy turned to the United States and its Air Force. The first Albatross, serial 50-179, was delivered to the Air Force on March 26th, 1958 on Rome Ciampino Airport. Delivery took place under MDAP account (Mutual Defense Aid Program) and was part of the first batch of six aircraft that would be delivered that year (two more in April, the last three in June). Crews were trained directly in the United States while the subsequent crews accomplished all their alternative training syllabus in Italy, using the airport of Pisa San Giusto for land based operation flight training part. Still in 1958, Albatross were posted along the peninsula to fulfil their SAR mission, whereas the Centro Coordinamento Soccorso based in Brindisi started to operate as soon as the month of June. In 1959 the SA-16 was deployed to the Vigna di Valle Idroscalo, on the lake of Bracciano, the same

Sopra la MM. 50-175 appena rientrata da un volo sanitario di emergenza, come si può intuire dalla barella e dall'ambulanza immediatamente visibili dietro l'anfibio. Questo velivolo fu l'unico "Albatross" ad essere perso dall'A. M. l'11 agosto 1971. (archivio M. Coccellato).
Sotto: L'"Albatross" codici "22" si appresta alla prossima missione

Above: MM. 50-175 just landed from an emergency medevac flight, as we can guess from the stretcher and the ambulance visible right behind the amphibian. This aircraft was the only "Albatross" to be lost by the Air Force on August 11th 1971. (M. Coccellato archive).
Below: The "Albatross" codes "22" readied for the upcoming mission

Dall'alto in senso orario: particolare del muso con le lettere "CS" usate per un breve periodo oltre al singolo numero (archivio P. Re); recupero di un battellino con naufraghi durante una esercitazione, in flottaggio a Brindisi dopo un volo di prova (archivio P. Re), due scatti all'interno degli hangar di Brindisi (entrambe archivio P. Re)

Top, clockwise: nose detail showing the letters "CS" as applied for a short time in addition to the single number (archive P. Re); recovery of a shipwreck dinghy during an exercise; floating in Brindisi after a test flight (archive P. Re); two pictures taken inside the hangar of Brindisi (both archive P. Re)

In questa pagina e in quella seguente tre immagini ricavate dall'opuscolo "La salvezza viene dal cielo", che rappresentava l'attività del 15° Stormo

In this and the following page three images from the brochure "La salvezza viene dal cielo", illustrating 15th Stormo daily activities

Ancora due interessanti fotografie riprese dall'opuscolo "La salvezza viene dal cielo". La sequenza permette, nella sua interezza, di apprezzare le varie fasi e i metodi di utilizzo dell' "Albatross" ma anche consente di osservare le divise e le attrezzature utilizzate all'epoca, come l'ambulanza ALFA F12

Two more interesting picture taken from "La salvezza viene dal cielo" pamphlet. The full sequence allows to appreciate the various steps and procedures about "Albatross" ground handing, furthermore it's a fine study of vintage equipments, like the ALFA F12 ambulance and uniforms.

Brindisi fu operativa presso il Centro Coordinamento e Soccorso già dal mese di giugno.

Nel 1959 gli SA-16 entrano in linea anche sull'idro-scalo di Vigna di Valle, sul lago di Bracciano, sedime che oggi ospita il Museo dell'Aeronautica Militare, in sostituzione degli ultimi Cant. Z. 506 "Alcione", che fino a quel momento avevano costituito l'ossatura dei reparti SAR italiani. In contemporanea si concluse il 3° Corso su Albatross (i due corsi precedenti si erano svolti nell'estate del 1958 e nell'inverno del 1959).

Il primo importante intervento degli anfibi della Grumman accadde quell'anno con l'alluvione che colpì la zona di Metaponto, i velivoli disponibili furono impiegati in aviolanci e nel soccorso di persone ferite o traumatizzate contribuendo al salvataggio di una trentina di connazionali. L'anno successivo, oltre alla normale attività di routine, si aggiunse una nuova emergenza straordinaria dovuta ad un'alluvione, quella in Val Camonica, che richiese nuovamente l'impiego degli Albatross.

L'esiguo numero di SA-16 in carico però non permet-té mai di avere più di due o tre anfibi operativi e di questo ovviamente ne risentirono le operazioni e di riflesso tutto il sistema di soccorso nazionale che in quegli anni era affidato, oltre agli anfibi americani,

place which today houses the Museum of the Italian Air Force. The aircraft replaced the last Cant. Z506 "Alcione", which, until that moment, had constituted the backbone of Italian SAR units. At same time, the Albatross Course No. 3 came to an end (two previous courses were held during summer of 1958 and winter of 1959). The first important deployement of the Grumman amphibian took place that year, in reason of the floods which struck the area of Metapontum. Available aircrafts were used for dropping air supplies and the relief of people injured or traumatized, contributing to the saving of about thirty compatriots. The following year, in addition to the normal routine tasks, a new extraordinary emergency due to a flood in Val Camonica overrun the normal activity, asking again for Albatross deployment. However, the small number of SA-16 acquired never permitted to have more than two or three amphibians available. This obviously harmed type operations and heavily reflected on the whole national aid system, of which in those years was entrusted, alongside the helicopters AB-47J and H. 19D as well as two Macchi M. 416 training aircraft. The Gruppo number, 84,

HU-16A, MM. 50-180, codici 15-6, fotografato a Ciampino il 2 novembre 1973. (foto L. Perinetti)

HU-16A, MM. 50-180, codes 15-6, photographed at Ciampino on November 2ⁿᵈ, 1973. (photo L. Perinetti)

Tre scatti di altrettanti "Albatross" fotografati a Linate, Ciampino e Pratica di Mare tra settembre e novembre del 1973. (tutte foto L. Perinetti)

Three "Albatross"pictures, respectively taken in Linate, Ciampino and Pratica di Mare between September and November 1973. (all photos L. Perinetti)

anche agli elicotteri AB-47J e H. 19D oltre che a due aerei da addestramento Macchi M. 416.

I codici in fusoliera sugli SA-16A erano quelli del numero del Gruppo, 84, mentre successivamente al riordino dell'apparato del Soccorso Aereo nazionale del 1° settembre 1961, in cui fu previsto che i Centri di Coordinamento e Soccorso venissero posti alle dipendenze dei comandi delle Regioni Aeree, diventarono quelli della Squadriglia, nel nostro caso la 140a, basata a Vigna di Valle, che mantenne gli anfibi in carico. Nulla cambiava per la manutenzione di 2° livello che era in carico al 1° GEV (Gruppo Efficienza Velivoli) di Napoli Capodichino.

Naturalmente l'attività continuava senza sosta e nel 1962 un SA-16A fu rischierato a S. Juan, nelle isole Baleari, per l'esercitazione internazionale di soccorso "Mizar".

Il 1° marzo 1962 un SA-16A fu assegnato al Centro Coordinamento Soccorso di Grottaglie; un mese dopo il Centro Coordinamento Soccorso della 2a regione Aerea viene trasferito da Vigna di Valle a Roma Ciampino con quattro velivoli in carico.

Dall'autunno del 1962, in ottemperanza alla direttiva americana che prevedeva l'unificazione delle sigle degli armamenti per tutte le forze armate americane anche l'Aeronautica Militare cambiò la sigla degli Albatross da SA-16 a HU-16.

Nel 1965 ci fu ancora un cambio di codifica degli HU-16A, fu infatti eliminato il numero della Squadriglia e gli anfibi furono codificati dal numero 20 al nu-

was painted on fuselages, while subsequently to the reorganization of Soccorso Aereo Nazionale on September 1st 1961, in which it was envisaged that the Rescue and Coordination Centres were placed at the dependencies of Regione Aerea commands. Thus, the aircraft wore the new Squadriglia codes, in our case the 140th, based in Vigna di Valle, who still had in charge the aircrafts. Nothing changed for 2nd level maintenance, assigned to 2nd GEV (Gruppo Efficienza Velivoli) in Naples Capodichino. Of course, the activity continued unabated and in 1962 a SA-16A was deployed to S. Juan, the Balearic Islands, for the international rescue exercise "Mizar". On March 1st 1962 a SA-16A was assigned to the Centro Coordinamento Soccorso in Grottaglie; a month after the 2nd Regione Aerea Centro Coordinamento Soccorso was moved from Vigna di Valle to Rome Ciampino with four aircraft assigned. During 1962 fall, in compliance with the American directive that foresaw the unification of acronyms for Armed Forces equipments, even the Italian Air Force changed the Albatross designation, from SA-16 to HU-16. In 1965 there was even a change of HU-16A code system. In fact, the Gruppo number was deleted, and the amphibians were coded from number 20 to number 25, such as this individual identification number was preceded, for a short period by the letters "CS" standing for "Rescue Center". On October 1st

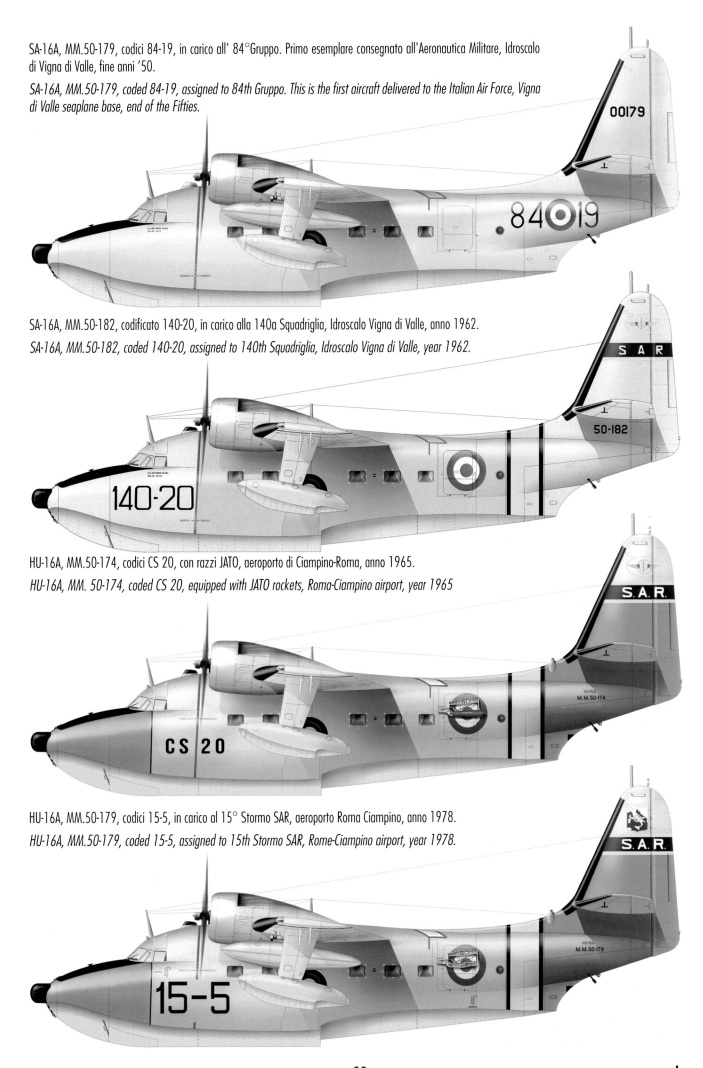

SA-16A, MM.50-179, codici 84-19, in carico all' 84°Gruppo. Primo esemplare consegnato all'Aeronautica Militare, Idroscalo di Vigna di Valle, fine anni '50.

SA-16A, MM.50-179, coded 84-19, assigned to 84th Gruppo. This is the first aircraft delivered to the Italian Air Force, Vigna di Valle seaplane base, end of the Fifties.

SA-16A, MM.50-182, codificato 140-20, in carico alla 140a Squadriglia, Idroscalo Vigna di Valle, anno 1962.

SA-16A, MM.50-182, coded 140-20, assigned to 140th Squadriglia, Idroscalo Vigna di Valle, year 1962.

HU-16A, MM.50-174, codici CS 20, con razzi JATO, aeroporto di Ciampino-Roma, anno 1965.

HU-16A, MM. 50-174, coded CS 20, equipped with JATO rockets, Roma-Ciampino airport, year 1965

HU-16A, MM.50-179, codici 15-5, in carico al 15° Stormo SAR, aeroporto Roma Ciampino, anno 1978.

HU-16A, MM.50-179, coded 15-5, assigned to 15th Stormo SAR, Rome-Ciampino airport, year 1978.

In alto la MM. 51-035 in linea di volo nel 1987 (foto C. Toselli, via M. Coccellato), a sinistra la MM. 50-175 in ammaraggio e sotto la MM-51-037 al parcheggio pronta alla missione successiva

Top: MM. 51-035 on the apron in 1987 (photo C. Toselli, via M. Coccellato), left MM. 50-175 landing and, bottom, MM-51-037 being readied for the next mission

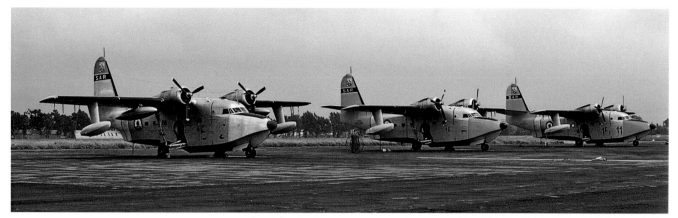

Sopra: la linea di volo degli HU-16A ormai in accantonamento a Ciampino nel 1976, si fatica addirittura a leggere i codici di ogni singolo anfibio. (foto via A. Laghi) A destra il 15-4 in mare, in basso la MM. 50-179 durante un'operazione di salvataggio come si può osservare dai naufraghi in alto a destra della fotografia. (foto archivio M. Coccellato)

Top: HU-16A flight line during the phase-out in Ciampino in 1976, it's even harder to read the individual codes. (Photo A. Laghi) Right: 15-4 at sea, below MM.50-179 during a rescue operation as we can see the castaways on the right corner. (photo M. Coccellato archive)

Splendida inquadratura del 15-6. (foto C. Toselli via M. Coccellato). Il 15-2 al parcheggio a Ciampino (foto S. Mapelli) e il 15-11 in rullaggio a Brindisi a luglio del 1977. (foto via A. Laghi)

Beautiful shot of 15-6. (photo C. Toselli via M. Coccellato). 15-2 on Ciampino apron (photo S. Mapelli) and 15-11 taxiing in Brindisi in July 1977. (photo via A. Laghi)

mero 25, tale numero individuale di riconoscimento fu preceduto, per un breve periodo dalle lettere "CS" per "Centro Soccorso".

Il 1° ottobre 1965, sull'aeroporto di Ciampino, fu ricostituito il 15° Stormo, questa volta con l'aggiunta dell'acronimo S. A. R. (Search And Rescue - ricerca e soccorso), il nuovo reparto fu posto alle dipendenze del Comando Trasporti e Soccorso Aereo ed era articolato su due gruppi di volo, l'84° Gruppo (140a e 287a Squadriglia) che raggruppava i velivoli ad ala fissa (5 HU-16A in carico di cui tre efficienti), e l'85° Gruppo (141a e 288a Squadriglia) che aveva in carico tutti i mezzi ad ala rotante. Oltre ai due Gruppi furono formate anche tre Sezioni SAR (chiamate Distaccamento dal successivo 19 novembre) basate: la 1a Sezione SAR a Milano Linate, la 2a a Roma Ciampino e la 3a a Taranto Grottaglie. Ogni Sezione SAR dipendeva operativamente dalla propria Regione Aerea attraverso l'RCC (Rescue Coordination Center - nome in inglese assunto dal dicembre 1963 dai Centro Coordinamento Soccorso) e aveva in carico i velivoli assegnati che rimanevano contabilmente in carico allo Stormo che curava la logistica, l'addestramento e la parte tecnica. A Linate e Grottaglie era previsto un anfibio per aeroporto con una dotazione di tre equipaggi addestrati e pronti all'impiego. I codici di fusoliera cambiarono in 15-xx, i

1965, in Ciampino airport, 15th Stormo was established, this time with the addition of the acronym SAR (Search and Rescue). The new unit placed at the dependencies of Transportation and SAR Command, and the Air rescue duty was assigned to two Gruppi: the 84th Gruppo (140th and 287th Squadriglia) gathering fixed-wing aircrafts (having five units assigned, albeit only three available) and the and 85th Gruppo (141st and 288th Squadriglia), having assigned all the rotary wing aircrafts. In addition to the two Gruppi were also formed three SAR sections (designated as Detachment from the next November 19th). The Detachment were the 1st SAR Detachment in Milano Linate, 2nd Rome Ciampino and 3rd Taranto Grottaglie. Each section will be operatively dependent from the Air Region thru the RCC (Rescue Coordination Center - English title assumed by December 1963 by the Centro Coordinamento Soccorso). The assigned aircrafts were on loan from Stormo, that took care for the logistics, training and technical section. Within this, Linate and Grottaglie should be provided with an aircraft and three trained and operational ready crews. The codes on fuselage were changed to 15-xx, and the individual numbers assigned to HU-16A were

La MM. 51-7157 al decollo
MM. 51-7157 taking off

Tipica inquadratura da "spotter" per la MM. 50-174, numero di carrozzella 15-2, fotografato a luglio 1979. (foto L. Perinetti)

Typical "spotter" framing for MM. 50-174, codes 15-2, photographed in July 1979. (photo L. Perinetti)

numeri individuali assegnati agli HU-16A furono dal 2 al 14 ad eccezione del numero "13", saltato per scaramanzia. Gli Albatross dell'Aeronautica Militare mantennero il serial americano, non solo quelli ricevuti in conto MDAP, ma anche quelli acquistati successivamente, quindi dopo le consuete lettere M. M. (Matricola Militare) era riportato il serial dell'USAF con la stessa modalità, cioè con le prime due cifre del serial, quelle che indicano l'anno fiscale, separate da un trattino dalle seguenti cifre.

L'attività operativa continuava senza soste, anche se, ad onor del vero, gli Albatross erano poco indicati per il trasporto sanitario a causa delle forti vibrazioni e della non pressurizzazione. Un altro problema che emerse in modo importante fu la scarsa idoneità dell'anfibio delle Grumman ad ammarrare sulle onde incrociate di un mare chiuso e piccolo quale il Mediterraneo, problema che non era emerso nell'utilizzo sull'oceano, dove il moto ondoso non aveva influenze così negative sulle prestazioni. La linea fu rinforzata a partire dal 1966 con l'arrivo degli anfibi acquistati dai surplus USA. Fare qui un elenco degli interventi compiuti nei lunghi anni di servizio del HU-16 sarebbe lungo e noioso al lettore, sostanzialmente gli interventi non erano poi così diversi di quelli odierni, spaziando dal trasporto di persone ammalate e/o in imminente pericolo di vita, al trasporto di generi di

from 2 to 14 with the exception of the number "13", avoided for superstition. Italian Air Force registration was the USAF serial number, not only for those received in MDAP account, but also for the subsequently purchased. After the usual M. M. letters was stencilled the U.S.A.F. serial, in the same way as applied to U.S. aircrafts, i.e. with the first two digits of the serial, those that indicate the fiscal year, separated by a hyphen from the following digits. Operational activity continued without stopping, even if, to be honest, the Albatross were little advisable for medical transport due to strong vibrations and of the lack of pressurization. SAR line was reinforced starting from 1966 with the arrival of amphibians purchased from U. S. surplus. Another important issue that emerged was the poor suitability of this machine to tackle the short Mediterranean Sea waves, a problem that didn't show up in oceanic deployement, where the long waves didn't influence so much airframe performance. The list of the mission accomplished in the long years of HU-16 service would be long and boring to the reader. Substantially these tasks were not so different to today ones, ranging from the transport of sick people and/or in imminent danger of life, to food and goods airlifting, rescue, in search of stranded

In alto decollo del 15-5. (archivio P. Albisino) Sopra singolare ma interessante inquadratura della MM. 50-177. (archivio M. Coccellato). Nella pagina successiva una bellissima sequenza dell'atterraggio e del successivo decollo dell' "Albatross" codici 15-4. (tutte le archivio foto P. Albisino)

Top: 15-5 taking off. (P. Albisino archive) Interesting and unusual shot of MM. 50-177. (M. Coccellato archive). Next page: "Albatross" codes 15-4 beautiful touch and go sequence. (all photos of P. Albisino archive)

Ammaraggio del 15-5, MM. 50-179. (entrambe le foto archivio P. Albisino)
MM. 50-179, 15-5 landing at sea. (both photos P. Albisino archive)

In alto la MM. 50-174 decentrata su una piazzola, sotto il 15-10, MM. 51-7157 davanti agli hangar "Savigliano" dell'idroscalo di Brindisi. (archivio P. Re)
Top MM.50-174 in a dispersal area, below 15-10, MM.51-7157 in front of "Savigliano" hangar, Brindisi seaplane facility. (archive P. Re)

soccorso, alla ricerca di imbarcazioni disperse, velivoli incidentati, equipaggi dispersi e così via. In ogni caso l'arrivo degli elicotteri, oltre a dare una decisa spinta di modernità al servizio, ridimensionò molto anche l'operatività degli Albatross che, continuavano nelle lunghe missioni di ricerca, ma potevano, e spesso, dovevano, essere sostituiti in quello di soccorso in mare essendo limitati ad ammaraggi con mare a forza 2 soltanto. In caso di mare agitato o di impossibilità all'ammarraggio, dovuto anche alle non buone condizioni delle cellule, gli UH-16A iniziavano a circuitare sul posto dell'avvistamento del naufrago guidando altri mezzi di soccorso che potevano essere di superficie o gli elicotteri dello stesso 15° Stormo. Un anno che può essere preso ad esempio per le attività è il 1968, in quell'anno infatti si concentrarono una serie di eventi naturali che si innescarono sulla normale attività dello Stormo e quindi degli HU-16, un evento in particolare, il terremoto che colpì la Sicilia a febbraio, vide il massiccio intervento dell'Aeronautica Militare che schierò ben sei Albatross che, unitamente a due AB. 204, effettuarono 252 missioni per 172 ore di volo, trasportando 269 persone e 28. 600 Kg di materiale necessario all'emergenza (medicinali, viveri, indumenti).

boats, aircraft involved in accidents, dispersed crews and so forth. Hence, the arrival of helicopters, added to the decision by HQ to give a decisive impetus of modernity to the service, Albatross operational activities were downsized, even the operability of the Albatross that continued in the long missions of search, but could, and often had to be replaced in the rescue at sea being limited to ditch with force 2 sea only. In the case of rough sea or impossibility to mooring, also due to the not so good airframe conditions, HU-16A began to circuit on the shipwrecking sighting spot, directing other assets to assist, which could be surface ships or helicopters belonging to the same 15th Stormo. A year that can be taken as an example of this aircraft activity is 1968; in that year a series of natural events summed up with the "normal" HU-16A Stormo activities. A particular event, the earthquake that struck the island of Sicily in February saw the massive intervention of the It. A. F. , assigning six Albatross, which, together with two Agusta-Bell AB. 204, carried out 252 missions summing 172 hours of flight, carrying 269 persons and 28,600 kg of materials necessary to face the emergency (medicines, food,

Ancora una bella e interessante fotografia, questa volta però in bianco e nero, dell'HU-16A MM. 51-7157, codici 15-10, del 15° Stormo Search And Rescue

Another a beautiful and interesting shot, this time in black and white, of HU-16A MM. 51-7157, codes 15-10, belonging to 15th Stormo SAR

In questa pagina due belle immagini della MM.51-7252, la prima in linea di volo (foto C. Toselli), la seconda è la riproduzione di una famosa cartolina degli anni '70. Nella pagina seguente il 15-4 fotografato a Luqa (Malta) nel 1970, (archivio M. Coccellato); il 15-12 in linea di volo e il 15-7. (archivio M. Coccellato)

In this page two beautiful images of MM.51-7252, the first one on the flight line (photo C. Toselli); the second is the reproduction of a famous postcard of the '70s. On the next page 15-4 photographed in Luqa (Malta) in 1970, (M. Coccellato archive); 15-12 on the flight line and 15-7. (M. Coccellato archive)

Bello scatto della MM. 51. 7175, codici 15-11. Sotto inusuale ma interessante inquadratura che permette di apprezzare le gambe del carrello e la sagomatura del muso e della fusoliera nella parte inferiore a scafo. (entrambe le foto C. Toselli)

Nice shot of MM. 51. 7175, codes 15-11. Bottom: unusual but interesting shot allowing us to appreciate landing gear legs and fuselage nose/hull junction shape. (both photos C. Toselli)

In alto, particolare del 15-8. (foto C. Toselli)
Top: detail of 15-8. (photo C. Toselli)

HU-16A fotografato nel 1978, quando ormai la carriera degli "Albatross" nelle file dell'Aeronautica Militare giungeva al termine. (archivio M. Coccellato)
HU-16A photographed in 1978, when the "Albatross" career within the Italian Air Force was coming to an end. (M. Coccellato archive)

Nel 1971, l'11 agosto, accadde l'unico incidente mortale della lunga carriera degli "Albatross" italiani. Durante una serie di ammaraggi addestrativi sul lago di Bracciano, la MM. 50-175 precipitò stallando da un'altezza di circa dieci metri, il cap. Tito Bettocchi, in addestramento, non riuscirà ad abbandonare il relitto che si era capottato nell'impatto con l'acqua e perirà intrappolato all'interno dell'HU-16.

A partire dal 1975, a causa dell'anzianità delle macchine e dell'intenso uso, le ore di volo degli Albatross iniziarono gradualmente a diminuire, il primo HU-16A, la MM. 51-7252, fu radiato nel 1976, seguito da un secondo l'anno successivo, contemporaneamente alla consegna del primo HH-3F Pelican, l'elicottero scelto dall'Aeronautica Militare per equipaggiare il 15° Stormo.

L'ultimo volo di un HU-16A Albatross dell'Aeronautica Militare avvenne il 31 agosto 1979, la MM. 51-7253, numero di carrozzella 15-14, compì il tragitto da Ciampino a Padova dove trovò posto presso il Museo di San Pelagio, purtroppo quell'Albatross fu poi distrutto e rottamato a giugno 2013.

clothing). In 1971, on August 11th, the only mortal incident occurred in the long career of Italian "Albatross". During a training "go-around" sessions on Bracciano Lake, MM. 50-175 struck the water table, stalling from about ten meters height. The pilot in training, Capt. Tito Bettocchi, after the airplane capsized, wasn't able to leave the cockpit thus dying inside the wreckage. Starting from 1975, due to machines' age and intensive use, the Albatross flying hours gradually began to decrease, and in 1976 the first HU-16A was struck of charge, followed by a second the following year. At the same time the delivery of the first Agusta-Sikorsky HH-3F Pelican took place, being the Italian Air Force HQ pick to re-equip the 15th Stormo. The last flight of an Italian Air Force HU-16A Albatross took place on August 31st 1979, when the MM. 51-7253, coded 15-14, undertook the journey from Ciampino to Padua where was placed in San Pelagio Museum. This aircraft was, unfortunately, destroyed and scrapped in June 2013.

Il Wright-1820-76A Cyclone, il motore dell'HU-16A

Wright-1820-76A Cyclone, HU-16A engine

In alto immagine dell'interno dell'hangar di manutenzione a Brindisi, con in primo piano un HU-16 ancora in "primer". (foto archivio P. Re)

Top: inside the hangar at Brindisi, an Hu-16 under maintenance works (photo archive P. Re)

L'ultimo HU-16A revisionato pronto alla partenza per Pratica di Mare nel 1977. (archivio P. Re)

The last HU-16A overhauled ready for his departure to Pratica di Mare, in 1977. (archive P. Re)

La MM.51-7253 fotografata nel 1969 a Luqa (Malta), l'isola maltese era spesso meta degli Albatross sia per voli di addestramento che per operazioni reali. (archivio M. Coccellato)

MM.51-7253 photographed in 1969 at Luqa (Malta), that island often was used by Italian's Albatross both for training or operational flights. (M. Coccellato archive)

Sopra la MM. 50-179 fotografata nel 1979. (archivio M. Coccellato). Sotto una interessantissima fotografia del 15-5 in flottaggio a Taranto appena dopo il ponte girevole, nel canale che porta al "Mar Piccolo". (foto archivio P. Re)

Top: MM. 50-179 photographed in 1979. (M. Coccellato archive). Bottom: a very interesting shot of 15-5 floating in Taranto, having just left the swing bridge, in the canal leading to the "Mar Piccolo". (photo archive P. Re)

La MM. 50-180 in acqua nel lago di Bracciano. (Archivio M. Coccellato)

MM. 50-180 floating in Bracciano Lake. (M. Coccellato archive)

Inquadratura di tre quarti posteriore per questo HU-16A fotografato in rullaggio a Malpensa nel 1977 (foto L. Perinetti)

A rear view of an Albatross taxiing at Malpensa (Photo L. Perinetti)

Nella fotografia a colori il 15-6 in atterraggio nel 1978. Sotto la linea di volo del 15° Stormo a Ciampino con quattro HU-16A "Albatross". (entrambe le foto archivio M. Coccellato)

In the color photo 15-6 landing in 1978. Bottom: 15th Stormo flightline in Ciampino with four HU-16A "Albatross". (both photo M. Coccellato archive)

In questa pagina, in alto, il 15-8, MM. 51-035 a Ciampino a febbraio del 1978; a sinistra particolare del muso dell' "Albatross" (foto M. Rossi), sotto il 15-10 al parcheggio pronto al volo. (foto C. Toselli)

In this page, top, 15-8, MM. 51-035 in Ciampino in February 1978; left "Albatross" nose detail (photo M. Rossi), below: 15-10 parked and ready to fly. (photo C. Toselli)

Al momento della radiazione molti HU-16A compirono il loro ultimo volo verso aeroporti dove avrebbero dovuto essere conservati. Così fu per un po' di anni, purtroppo oggi molti "Albatross" sono stati demoliti o sono solo più dei relitti, sopra quello che fu inviato a Biella, in mezzo quello destinato a Cuneo - Levaldigi, sotto quello di Cameri.

At the time to be struck off charge, many HU-16A made their last flight to airports where they would have become "gate guardian" and preserved. So it was for few years, unfortunately today many "Albatross" have been destroyed or are just wrecks. Top: the one flown to Biella, in the middle the HU-16 for Cuneo-Levaldigi, bottom the one for Cameri.

In alto l'"Albatross" conservato a Vigna di Valle, la MM. 50-179. (foto L. Perinetti) La MM. 51-7253 fu l'ultimo HU-16A a volare nelle file dell'Aeronautica Militare e l'ultimo volo lo portò in Veneto a Padova. Da lì l'anfibio fu portato al Museo di San Pelagio con un elicottero "Chinook" dell'Esercito e in quel Museo fu conservato fino al 2013, anno in cui, purtroppo, l'ultimo "Albatross" dell'Aeronautica Militare fu distrutto dalle ruspe. (foto archivio M. Coccellato e foto P. Albisino)

Top: "Albatross" preserved in Vigna di Valle, MM. 50-179. (photo L. Perinetti) MM. 51-7253 was the last HU-16A to fly for the Italian Air Force, and his last flight brought him to Padua in Veneto. From there the amphibian was hooked to an Army CH-47 and flown to San Pelagio Museum and preserved until 2013, when unfortunately the last ItAF "Albatross" was destroyed by bulldozers. (photo M. Coccellato archive and P. Albisino)

Note modellistiche
Grumman HU-16A Albatross
Trumpeter 1/48 Kit 02824

La scatola del kit, che con questo bel disegno, indica correttamente il posizionamento di antenne e walkway. A destra il foglio decal, purtroppo poco saturo e con i colori incorretti.

Come già per il leggendario S. 79 o il moderno AMX, Trupeter propone, con una scelta di marketing coraggiosa, un aereo nei colori italiani nella scala 48, andando a riempire un altro vuoto epocale nelle riproduzioni ad iniezione. L'imporatore per l'Italia dell'azienda cinese, la RIPA Srl di Milano, ci mette a disposizione la scatola per queste note. Ricordiamo infatti che per la versione A non esistevano kit ad iniezione, ma bisognava convertire il "B" della Monogram Revell, lavoro tutt'altro che semplice, se fatto in autocostruzione, o facilitato usando la conversione della ceca RVHP, date le differenze tra le due versioni. Il nuovo modello è quasi allo stato dell'arte, anche se alcune soluzioni costruttive, seppur ingegnose, come l'assemblaggio finale ala - fusoliera, risentono comunque di difetti dimensionali. Partendo dagli interni, e confrontandoli con il materiale iconografico disponibile, vediamo che la disposizione dei sedili dell'equipaggio non è corretta, ed inoltre ne mancano almeno un paio. Ma andiamo con ordine e seguiamo le fasi del montaggio così come indicato nel foglio istruzioni, anch'esso non scevro da difetti. Infatti i colori dei vari pezzi non sono tutti indicati, lasciando a noi il compito di individuarli. Per comodità, tutte le stampate sono state spruzzate con il primer bianco dell'AFV, dato il largo uso di colori notoriamente non coprenti, come il giallo e il Fire Orange.
Fase 1: opteremo per i vani del carrello anteriore in Argento 11. Fase 2: tutte le paratie e le mensole saranno in Green Chromate Primer FS34181, mentre il grigio del pannello strumenti si avvicina all'FS36440. Qui notiamo che strumenti ed accessori stampati in

Modellers' notes
Grumman HU-16A Albatross
Trumpeter 1/48 Kit 02824

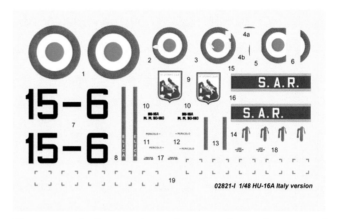

The very nice kit boxart, indicates the correct placing of antenna and walkways.
Right: the decal sheet, carrying not so correct color density and shade.

Like the legendary S.79 or the modern AMX, Trupeter offers us, with a bold marketing choice, an 1/48 scale airplane in Italian colors, allowing to fill another epochal void in injection reproductions. Italian Trumpeter importer, RIPA Srl, kindly made available for this review. Let's remember that there was no injection kit for "A" version, but we had to convert the Monogram Revell "B" variant, no to so easy to do in scratchbuilding, or easier using the dedicated Czech RHVP conversion. The new model is almost state-of-the-art, although some constructive solutions, albeit ingenious, such as the final wing-fuselage assembly, still have dimensional defects. Starting from the interiors, and always comparing them with iconographic material available, we note that the layout of crew seats is incorrect, and at least lacks a couple of these. But let's follow instruction sheet assembly order step by step. Even this has many flaws, as we'll see. In fact, the colors of the various parts are not all indicated, leaving us the task of identifying them. For convenience, all the sprues have been sprayed with the white AFV primer, due to the wide use of notoriously non-covering colors, such as yellow and orange. Step 1: We will paint the front undercarriage well in Silver 11. Step 2: All bulkheads and radio stacks will be in Green Chromate Primer FS34181, while the gray of the instrument panel approaches the FS36440. Here we note that embossed instruments and accessories do not match the decals provided; We still use the decals, which would give a good effect. With a thin nylon cutout, we create the curtain separating the passenger/radio

ANTENNA

ANTENNA

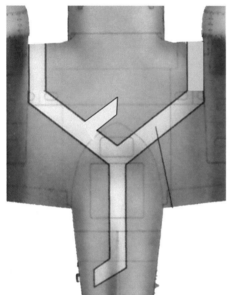

Tutti i velivoli, interamente in Alluminio, con bande in Giallo limone e Giallo Arancio Fluorescente disposte in vari modi secondo il periodo	*All aircraft entirely in Aluminum, with Giallo limone e Giallo Arancio Fluorescente bands variously placed depending from time period*
Dettagli comuni a tutti i velivoli:	*Common details:*
Interni in 36231 e 33481	*All interior 36231 and 33481*
Pannello strumenti e consoles in 27038 e 36440	*Instrument panel and side panels 27038 and 36440*
Sedill in skai turchese e struttura in 36231, cinture e tende khaki	*Seats in turquoise skai, khaki harness and curtain, structure in 36231*
Interno vani carrelli, interno portelli, gambe e cerchi in 17178	*Landing gear, wells, inside of doors, struts and wheels 17178*

Colore	Tabella AA-P-100[1]	FS	Humbrol	Tamiya	Gunze Sangyo	Kmodelling
Alluminio - Aluminum	11	37178	+/- 11 e 27002	XF16	MC218	37178
Giallo limone - Lemon yellow	22	33481	81	+/- XF04	H329	33481
Giallo arancio fluorescente Fluorescent yellow orange	25	28915	209	-	H98	28915
Nero - Black	7	17038	21	X1	H2	17038

(1) Tabella colori Aeronautica Militare - Italian Air Force Color Table +/- = colore più simile - most similar shade

Scala/ Scale	Produttore/ Manufacturer	Numero kit/ Kit number	Modello - versione/ Model - version	Note/ Notes
1/48	TRUMPETER	02824	A - a iniezione / injection kit 2014	Decals 15° Stormo
1/72	Monogram	P20	B - a iniezione / injection kit 1957	Decals USAF
1/72	Monogram	85-0020	B - a iniezione / injection kit 1995	Decals USAF
1/72	Revell	4380	B - a iniezione / injection kit 1989	Decals USAF
1/72	RHVP	C7233	"A" resin conversion - Italian decals	Decals 15° Stormo

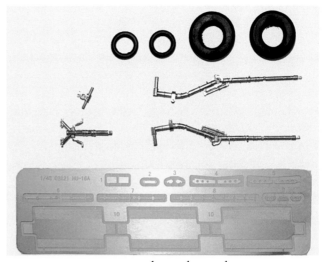

rilievo non corrispondono alle decal fornite; decidiamo comunque di usare le decal, che forniscono un bel colpo d'occhio.

Realizziamo, con un ritaglio a misura di nylon sottilissimo, la tenda che separa il vano operatore dall'abitacolo, dipingendola in khaki. Fase 3: per la colorazione dei seggiolini, verosimilmente in similpelle, realizziamo una miscela verde/turchese, seguendo le foto; ovviamente non abbiamo certezza della tonalità originale, essendo stati prodotti sessanta e più anni fa; le cinture saranno dipinte in Khaki (ottimo il Tamiya acrilico). Le pareti interne dei pezzi J4 e J17 sono anch'esse in Green Primer; l'interno sarà evidenziato con il Black Panel Tamiya. Fase 4: non abbiamo volutamente installato le barelle, non avendo certezza dell'impiego in A. M. , mentre spostiamo il sedile posteriore proprio ove nelle istruzioni è indicato il colore del pavimento; ci pare, sempre consultando le immagini, che dopo la revisione il pavimento non fosse più in Green, ma nel più nostrano Grigio per interni, ossia l'FS36231. Fase 5: dipingere gli interni di fusoliera in FS34181, anche se sembra che fossero rivestiti in sky verdino (anch'esso proveniente dalla "nazionalizzazione" post-revisione?) Fase 6: dopo aver fatto parecchie prove a secco, ci rendiamo conto che, se lasciate come indicate, le quattro semifusoliere non potranno mai essere chiuse correttamente, ingenerando così degli spiacevoli spazi da stuccare; vista la solidità della struttura creata, andremo quindi ad assottigliare tutte le paratie di qualche decimo sul contorno.

Dei quattro "scassi" per lato, necessari all'incastro, useremo solo il primo; gli ultimi tre saranno completamente rifilati a profilo del pavimento, avendo scoperto che la paratia finale si incastrerà comunque e sarà in grado di sorreggere adeguatamente il tutto. Totalmente assenti nel kit le due porte dell'ultima paratia posteriore. Fase 7: viene totalmente dimenticato di segnalare di non dipingere l'oblò posto sul lato destro del cockpit, ove il soffitto sarà anch'esso in FS34181 e le console in nero semilucido.

Non incollare i fotoincisi, dato che vi andrà la coccarda nazionale sotto. La carenatura dell'antenna del radiogoniometro (M20) è da sostituire con una

operator compartment from the cockpit, painting it in khaki. Step 3: For coloring the seats, probably in a leather imitation, we make a green / turquoise blend, following the photos; obviously we have no certainty of the original tonality, having been produced sixty and several years ago; belts will be painted in Khaki (excellent Tamiya acrylic). The inner walls of J4 and J17 are also in the Green Primer; The interior will be highlighted with the Black Panel Tamiya. Step 4: We did not intentionally install the stretchers, having no certainty about It.A.F. use and color. We positioned the only available seat backward exactly where the instructions indicate the color of the floor; It seems to us, always looking at the pictures, that after an IRAN the floor was no longer in Green, but in the widely used Gray for interior, that is the FS36231. Step 5: Paint the fuselage interior in FS34181, though it appears to have a kind of tapestry in a greenish shade (also coming from post-IRAN components nationalization?). Step 6: After doing a lot of dry tests, we realize that if we leave the four half fuselage components alone would never be glued properly, thus creating unpleasant spaces to be filled; then, given the solidity of the created structure, we will then thin all the bulkheads of a few tenths of millimeter. Of the four indentation on the floor side, We will only use the first ones, the last three will be completely trimmed following floor profile, having found that the bulkhead would still fit nicely and would be able to adequately support the whole. Absolutely absent in the kit the two doors of the rearmost bulkhead. Step 7: It is totally forgotten to mention to not paint the right side circular window of the cockpit; we also paint it in FS34181 and the side consoles in semi-gloss black. Do not glue the

autocostruita seguendo delle immagini. Fase 8: sconsigliamo il montaggio degli stabilizzatori e dei timoni di profondità, per agevolare la verniciatura, dato che il loro incollaggio può essere effettuato a modello finito, così come dei trasparenti. Fase 9: completeremo i motori seguendo solo le foto per la loro colorazione, essendo di facile reperibilità. Ricordiamo che il carter è in Engine Grey FS16081, schiarito e sporcato. I galleggianti ausiliari saranno montati e verniciati direttamente sullo sprue. Nella Fase 10 nulla da segnalare, mentre nella Fase 11 consigliamo di non installare i galleggianti ausiliari, ma lascarli per ultimi assieme ai timoni di profondità.

Dei quattro pitot indicati, oltretutto sovradimensionati, installare solo l'L25, stuccando i fori non utilizzati, ed avendo cura di spostarlo almeno 4 mm più avanti. Fase 12: non installiamo i motori (vedi galleggianti e timoni). Fase 13 e 14: da portare a termine anch'essa a verniciatura e decal applicate.

La Trumpeter si è purtroppo dimenticata che le comunicazioni T/B/T avvengono per tramite di antenne, così come la navigazione, ai tempi, era affidata principalmente agli NDB, per cui il nostro Albatross era letteralmente cosparso di tali apparati, necessari anche per le comunicazioni con i mezzi navali. Come prima affermato, abbiamo terminato alcuni elementi sino alla verniciatura per poter meglio lavorare; l'ordine seguito è stato quindi (sulla mano di fondo già stesa): mascheratura delle zone arancioni e gialle, stesura dell'alluminio 11 Humbrol (comunque la miglior scelta per aerei già revisionati in Italia), seguito dalle zone gialle e poi dalle zone arancioni.

Mascheriamo nuovamente e verniciamo con nero opaco i Goodrich e il pannello antiriflesso, ovviamente terminando le parti staccate. Mano abbondante di trasparente lucido, decal e trasparente semilucido. A titolo di esperimento, per mostrare la consunzione dei colori fluorescenti, il muso del modello è stato verniciato prima con una miscela di Gunze H98 ¾ e il Gunze H24 ¼ e poi ripassato a zone con il Blaze Humbrol 209 (FS28913); il Giallo 22 è stato riprodotto con il Gunze H4.

Ancora, le decal sono incomplete, nonché le scritte, invece di essere in italiano, hanno riportato al loro interno il "loren ipsum" in latino... Per le walkways abbiamo optato per i due fogli Xtradecals Black Stripes e White Stripes, che abbiamo rifilato e adattato. Nelle immagini troverete le dovute correzioni e i suggerimenti per la realizzazione.

Un giudizio imparziale sul modello potrebbe essere inesatto per un principiante o troppo severo per un modellista esperto; resta il fatto che è un soggetto di estremo interesse e con un po' di lavoro in più (semplice anche al neofita) realizzeremo un imponente kit che nei suoi brillanti colori farà sicuramente effetto!

photoetched now, as the national roundel is below them. The ADF dielectric (M20) should be replaced by a scratch built one following a picture of it. Step 8: We do not recommend to install the elevator and stabilators at this stage in order to facilitate painting, as they can be glued to the finished model as well as transparencies. Step 9: We will complete the engines by following only photos for their coloring, being easy to find. We recall that the crankcase is in Engine Gray FS16081, lightened and dirtied. The auxiliary floats will be glued, assembled and painted directly on the sprue. In Step 10, nothing to point out, while in Step 11 we recommend to not installing auxiliary floats, but letting them last along with the tail planes. Of the four Pitot shown, overly oversized, install only the L25, fill the unused holes, and take care to move it at least 4 mm backward. Step 12: We do not install engines (see floats and rudders). Step 13 and 14: to be completed also with the paintjob finished and decal applied. Trumpeter has unfortunately forgotten that air to ground communications take place through antennas, as navigation, at the time, was mainly entrusted to the NDB, so our Albatross was literally sprinkled with such devices, also needed for air to surface communications with ships. As we said before, we have finished some elements up to the painting stage to be able to make our job easier, then this painting order was followed (on the primer already sprayed): masking of orange and yellow areas, Aluminum 11 Humbrol (still the best choice for planes already painted in Italy), followed by yellow areas and then by the orange ones. Mask again and paint the Goodrich anti-ice gloves and the anti-glare panel with opaque black, obviously ending with the photoetched parts. An abundant hand of gloss transparent, decal and semi-gloss transparent will seal everything. As an experiment, to show fluorescence colors wearing out, the model nose has been sprayed first with a mixture of Gunze H98 ¾ and the Gunze H24 ¼ and then lightly touched up with Blaze Humbrol 209 (FS28913); The Yellow 22 was reproduced with the Gunze H4. As said before decals are incomplete, and the lettering, instead of being in English or Italian ... is the Latin "Loren ipsum"! For the walkways we opted for the two Xtradecals sheets, Black Stripes and White Stripes, which we trimmed and adapted. In this chapter images you'll find the necessary corrections to this and the suggestions for realization. An impartial judgment on this kit might be inaccurate for a beginner or too severe for an experienced modeler; what really matters a subject of extreme interest has been made and with a bit of extra work (easy also for a beginner) everyone will achieve an impressive kit that in its bright colors will definitely be an eyecatcher!

Tabella colori - *Colors table*

A) Alluminio 11 - FS17178	**A) Aluminum 11 - FS17178**
B) Giallo Limone 22 - FS33481	**B) Lemon Yellow 22 - FS33481**
C) Giallo arancio fluorescente 25 - FS28915	**C) Dayglo Orange Yellow 25 - FS28915**
D) Nero semilucido - FS27038	**D) Semigloss black - FS27038**
E) Nero opaco - FS37038	**E) Matt black - FS37038**

GRUMMAN HU-16A ALBATROSS
Kit numero 02824 Trumpeter 1/48
336 parti - 23 trasparenti - 4 metallo bianco - 1 fotoinciso
- 3 gomma
Rapporto qualità / prezzo ★★★☆☆
Facilità di montaggio ★★✦☆☆

GRUMMAN HU-16A ALBATROSS
Kit number 02824 Trumpeter 1/48
336 parts - 23 clear - 4 white metal - 1 photoetched
3 rubber
Price vs. Quality rating ★★★☆☆
Assembly rating ★★✦☆☆

Dettagli modellistici / *Modellers' details*

Dati tecnici - *Technical data*

Lunghezza - Length	18,9 m - 62 ft. 10 in.
Altezza - Height	7,4m - 24 ft. 8 in.
Aperture alare - Wing span	24,4 m - 80 ft. 1in.
Superficie alare - Wing area	77,4 mq - 833 sq.ft.
Peso a vuoto - Empty weight	9.125kg - 20100 lbs.
Peso a pieno carico - FMTOW	12.270 Kg - 27,260 lbs.
Motori - Engines	2 x Curtiss Wright R-1820-76A Cyclone
Potenza - power	1.425 Hp
Tangenza - Ceiling	6.500 m - 19,500 ft.
Velocità massima a 5735 mt - Max speed at 5735 m.	423 km/h - 230 kts.
Velocità massima a 0 m - Max speed at sea level	392 Km/h - 177 kts.
Autonomia - Range	4.310 km - 2,230NM
Carico subalare - external payload	1.800 Kg - 4.000 lbs.

Matricole Militari - *Serial numbers*

MM.50-174; MM.50-175; MM.50-177; MM.50-179; MM.50-180; MM.50-182	Consegnati in conto MDAP (marzo - giugno 1958) Delivered under MDAP Agreements (March - June 1958)
MM.51-035; MM.51-037; MM.51-7157; MM.51-7175; MM.51-7252; MM.51-7253	Acquistati da surplus USAF (1966) Bought from USAF surplus (1966)